BEI GRIN MACHT SICH IHR WISSEN BEZAHLT

- Wir veröffentlichen Ihre Hausarbeit, Bachelor- und Masterarbeit

- Ihr eigenes eBook und Buch - weltweit in allen wichtigen Shops

- Verdienen Sie an jedem Verkauf

Jetzt bei www.GRIN.com hochladen und kostenlos publizieren

Tamara Rachbauer

Erstellung eines Wiki-Textes zu Schulz von Thun „Miteinander reden: 1. Störungen und Klärungen"

GRIN Verlag

Bibliografische Information der Deutschen Nationalbibliothek:

Die Deutsche Bibliothek verzeichnet diese Publikation in der Deutschen Nationalbibliografie; detaillierte bibliografische Daten sind im Internet über http://dnb.d-nb.de/ abrufbar.

Dieses Werk sowie alle darin enthaltenen einzelnen Beiträge und Abbildungen sind urheberrechtlich geschützt. Jede Verwertung, die nicht ausdrücklich vom Urheberrechtsschutz zugelassen ist, bedarf der vorherigen Zustimmung des Verlages. Das gilt insbesondere für Vervielfältigungen, Bearbeitungen, Übersetzungen, Mikroverfilmungen, Auswertungen durch Datenbanken und für die Einspeicherung und Verarbeitung in elektronische Systeme. Alle Rechte, auch die des auszugsweisen Nachdrucks, der fotomechanischen Wiedergabe (einschließlich Mikrokopie) sowie der Auswertung durch Datenbanken oder ähnliche Einrichtungen, vorbehalten.

Impressum:

Copyright © 2010 GRIN Verlag GmbH
Druck und Bindung: Books on Demand GmbH, Norderstedt Germany
ISBN: 978-3-656-71326-5

Dieses Buch bei GRIN:

http://www.grin.com/de/e-book/278266/erstellung-eines-wiki-textes-zu-schulz-von-thun-miteinander-reden-1

GRIN - Your knowledge has value

Der GRIN Verlag publiziert seit 1998 wissenschaftliche Arbeiten von Studenten, Hochschullehrern und anderen Akademikern als eBook und gedrucktes Buch. Die Verlagswebsite www.grin.com ist die ideale Plattform zur Veröffentlichung von Hausarbeiten, Abschlussarbeiten, wissenschaftlichen Aufsätzen, Dissertationen und Fachbüchern.

Besuchen Sie uns im Internet:

http://www.grin.com/

http://www.facebook.com/grincom

http://www.twitter.com/grin_com

Wiki-Text – Schulz von Thun „Miteinander reden: 1. Störungen und Klärungen"

Arbeitsauftrag 1 der Online-Vorphase im Modul 07 – Kommunikationstheorie

vorgelegt von: *Tamara Rachbauer*

Eingereicht am Donnerstag, 11. März 2010

Inhaltsverzeichnis

1 Arbeitsauftrag 1 – Wiki-Text 1

2   A1 Gruppe1 – eEducation3 2

3   Einleitung 2

4   Was sind Komponenten einer gelungenen Kommunikation? 4

    4.1   Die 4 Verständlichkeitsmacher 4

    4.2   Kongruenz bzw. Authentizität 4

    4.3   Stimmigkeit 5

5   Was könnte auf der anderen Seite die Kommunikation empfindlich stören? 6

    5.1   Probleme beim Übertragen der Sachinformation 6

    5.2   Probleme im Bereich der Selbstkundgabe bzw. Selbstoffenbarung 6

    5.3   Probleme beim Übertragen der Beziehungshinweise 7

    5.4   Probleme beim Übertragen der Appell-Botschaft 8

    5.5   Einseitige Empfangsgewohnheiten 8

5.6	Unterschiedliche Lebenserfahrungen	9
5.7	Unterschiedliche Sprachcodierungen	9
6	Quellen	10
7	Feedback	11

1 Arbeitsauftrag 1 – Wiki-Text

- Verfassen eines Wiki-Textes in Gruppen:

Beantworten Sie nach der Lektüre von „Miteinander Reden 1" von Schulz von Thun folgende Fragen:

- – Was sind für Sie Komponenten einer gelungenen Kommunikation?
- – Was könnte auf der anderen Seite die Kommunikation empfindlich stören?

Entwerfen Sie gemeinsam in Gruppen einen zusammenfassenden Text im Umfang von 1-2 A4-Seiten. Benutzen Sie dazu das Media-Wiki.

2 A1 Gruppe1 – eEducation3

- Tamara Rachbauer (RAC)
- Maria Steinschaden (STE)
- Ingrid Feurstein (FEU)

3 Einleitung

Schulz von Thun erklärt in seinem Buch Miteinander Reden 1 das Konzept der vier Seiten einer Nachricht, die von den SenderInnen bewusst oder auch unbewusst über „4 Schnäbel" übermittelt und durch die EmpfängerInnen über „4 Ohren" wahrgenommen werden. Bekannt geworden ist dieses Konzept unter dem Namen „Kommunikationsquadrat" oder „4-Ohren-Modell".

Die SenderInnen übertragen bei jeder Nachricht 4 Botschaften:

- *Sachinformation oder Sachinhalt (worüber ich informiere) - blau:* Hier geht es um Daten, Fakten und Sachverhalte. Dabei gelten

  - das Wahrheitskriterium (wahr oder unwahr),

  - das Kriterium der Relevanz (sind die aufgeführten Sachverhalte für das anstehende Thema von Belang/nicht von Belang?) und

  - das Kriterium der Hinlänglichkeit (sind die angeführten Sachhinweise für das Thema ausreichend, oder muss vieles andere auch bedacht sein?)

- *eine Selbstkundgabe oder Selbstoffenbarung (was ich von mir zu erkennen gebe) - grün:* Mit jeder Äußerung gebe ich, implizit oder explizit (Ich-Botschaft) Informationen über mich preis

- *einen Beziehungshinweis (was ich von dir halte und wie ich zu dir stehe) - gelb:* Wenn ich jemanden anspreche, gebe ich (durch Formulierung, Tonfall, Begleitmimik) auch zu erkennen, wie ich zum Anderen stehe und was ich von ihm halte

- *eine Appell-Botschaft (was ich bei dir erreichen möchte) - rot:* Wenn ich das Wort an jemanden richte, will ich etwas bewirken. Offen oder verdeckt, geht es hierbei um Wünsche, Appelle, Ratschläge, Handlungsanweisungen, Effekte etc.

Das heißt, dass bei der Kommunikation auf jeder Seite „4 Schnäbel" und „4 Ohren" beteiligt sind. Die Qualität der Kommunikation ist also vom Zusammenspiel auf beiden Seiten abhängig.

Einleitung

Sender
mit 4 Schnäbeln

4 Seiten einer
Äußerung:

Empfänger
mit 4 Ohren

Kommunikationsquadrat

4 Was sind Komponenten einer gelungenen Kommunikation?

4.1 Die 4 Verständlichkeitsmacher

Für eine **gelungene Kommunikation** muss die Nachricht in Form einer **verständlichen Information** gesendet werden.

Verständlichkeit kann anhand der folgenden Verständlichkeitsmacher gemessen werden:

1. *Einfachheit* - *Kompliziertheit*: eine Information muss einfach formuliert sein

2. *Gliederung, Ordnung und Übersichtlichkeit* - *Unübersichtlichkeit*: eine Botschaft muss im Aufbau deutlich und logisch nachvollziehbar gegliedert sein

3. *Kürze, Prägnanz* - *Weitschweifigkeit*: Wichtig ist außerdem eine kurze, prägnante Darstellung

4. *Zusätzliche Stimulanz* - *keine zusätzliche Stimulanz*: idealerweise soll die Darstellung durch „anregende Stilmittel" (z. B. Visualisierungen) unterstützt werden

4.2 Kongruenz bzw. Authentizität

Sei Du selbst, gib Dich nach außen hin so, wie Dir innerlich zumute ist. Offenbare Dich Dir selbst, erkenne Dich selbst!

Authentizität ist also die **Übereinstimmung zwischen innerem Zumute sein und äußerem Gebaren** bzw. die **Übereinstimmung zwischen den drei Bereichen der Persönlichkeit**:

1. *Inneres Erleben* (= was ich fühle, was sich in mir regt)

2. *Bewusstsein* (= was ich davon bewusst mitkriege)

3. *Kommunikation* (= was ich davon mitteile, nach außen hin sichtbar werden lasse)

Kongruenz bzw. Authentizität ist für eine gelungene Kommunikation entscheidend, denn:

- je kongruenter die SenderInnen kommunizieren,
  - desto klarer und eindeutiger ist die Nachricht von den EmpfängerInnen zu verstehen
  - desto intensiver können die EmpfängerInnen zuhören

- je intensiver die EmpfängerInnen zuhören können,
  - desto mehr werden sich die SenderInnen verstanden fühlen und
  - desto größer die den EmpfängerInnen entgegengebrachte positive Wertschätzung

- die EmpfängerInnen fühlen sich akzeptiert und können ihrerseits kongruenter kommunizieren

Es ergibt sich also eine Spirale, durch welche sich die positiven Gesprächsmerkmale gegenseitig verstärken

- Kongruenz
- positive Wertschätzung und
- einfühlendes Verständnis

4.3 Stimmigkeit

heißt: in Übereinstimmung mit der Wahrheit der Gesamtsituation, zu der neben

- meiner inneren Verfassung und meiner Zielsetzung auch
- der Charakter der Beziehung,
- die innere Verfassung der Empfängerin/des Empfängers und
- die Forderungen der Lage gehören.

5 Was könnte auf der anderen Seite die Kommunikation empfindlich stören?

5.1 Probleme beim Übertragen der Sachinformation

1. Sachlichkeit

Oftmals findet eine Vermischung der Ebenen statt, anstatt sachdienlicher Verständigung stehen Aspekte der Selbstoffenbarung (z. B. „Gesicht wahren") und der Beziehungsseite (z. B. „Herabsetzung des Widersachers") im Vordergrund

2. Verständlichkeit

Die Sprache vieler (institutionellen) Verlautbarungen ist so kompliziert, dass sie weite Kreise der Bevölkerung, v. a. Gruppen, die eine geringe Schulbildung aufweisen, entmutigt und ausschließt. Teufelskreis: Aufgrund wiederholter Misserfolgserlebnisse geben sie den Wunsch sich zu informieren auf, das Selbstwertgefühl wird beschädigt.

5.2 Probleme im Bereich der Selbstkundgabe bzw. Selbstoffenbarung

Sobald ich etwas von mir gebe, gebe ich etwas von mir - aber genau davor haben viele Menschen (Selbstoffenbarungs-)Angst, etwas von sich bekannt zu geben, denn die alles entscheidende Frage lautet: „Wie stehe ich in den Augen der anderen da?"

Aufgrund der Selbstoffenbarungsangst entwickeln wir bestimmte Techniken zur Selbstdarstellung und Selbstverbergung

- Imponiertechniken - sich von der besten Seite zeigen, z. B.
  - durch schwer verständliche Sprache - dient dem eigenen Prestige oder
  - über sich selbst beiläufig etwas erzählen, was Eindruck macht
- Fassadentechniken - negativ empfundene Anteile der eigenen Person verbergen oder tarnen, z. B.
  - durch Verbergen innerer Gefühle
  - durch sprachliche Hilfsmittel wie MAN-Sätze, WIR-Formulierungen, Fragen, ES-Formulierungen, DU-Botschaften
- Demonstrative Selbstverkleinerung - sich schwächlich, hilflos und wertlos darstellen

> Was könnte auf der anderen Seite die Kommunikation empfindlich stören?

Auswirkungen der Selbstdarstellungstechniken

- Gefahr für den sachlichen Ertrag

- Barriere für zwischenmenschliche Solidarität

- Gefahr für seelische Gesundheit

5.3 Probleme beim Übertragen der Beziehungshinweise

Probleme bzw. Störungen treten hier vor allem dann auf, wenn die Senderin/der Sender auf die Empfängerin/den Empfänger die Techniken der Geringschätzung und Lenkung/Bevormundung (die Kombination der beiden ergibt das Verhaltenskreuz) anwendet.

- *Geringschätzung vs. Wertschätzung* – die Senderin/der Sender behandelt die Empfängerin/den Empfänger mit ihren/seinen Aussagen herabsetzend, demütigend, von oben herab

- *Lenkung/Bevormundung vs. Einräumen von Entscheidungsfreiheit* – die Senderin/der Sender bevormundet die Empfängerin/den Empfänger durch Anweisugen, Vorschriften, Verbote,...

Beziehungsstörungen können auch auftreten, wenn ich den anderen ganz anders wahrnehme als er/sie sich selbst. Mechanismen, die zu einer solchen Bildverzerrung führen können, sind:

- *Projektion* – Die Senderin/der Sender projiziert ihre/seine Gefühle ungewollt nach außen. Oft werden diese von der Empfängerin/dem Empfänger entdeckt und heftg bekämpft.

- *Übertragung* – ähnlich wie bei der Projektion, nur dass die Gefühle (fehlleitenden Wahrnehmungselemente) von einer dritten Person verursacht werden.

- *Unrepräsentativer Kontakt* – ich baue mir von einer Person ein falsches, einseitiges und unvollständiges Bild auf, da ich diese Person nur immer in bestimmten Situationen wahrnehme

Beziehungsstörungen können aber auch dann auftreten, wenn sich bei der Empfängerin/dem Empfänger aufgrund von Du-Botschaften und Etikettierungen - So eine(r) bist du! - ein Selbstkonzept (=Meinung von sich selbst) - so eine(r) bin ich! - herausgebildet hat.

Durch das Selbstkonzept schafft sich die Empfängerin/der Empfänger eine eigene Umwelt, in welcher sie/er genau die zum Selbstkonzept passenden Erfahrungen macht. Dafür sind vor allem zwei Mechanismen verantwortlich:

- *Vermeidungen* – Personen gehen bestimmten Situationen, für die sie sich nicht gerüstet fühle, einfach aus dem Weg

- *Verzerrungen und Umdeutungen* – Personen mit einem niedrigen Selbstwertgefühl interpretieren in Fragen/Aussagen sofort Kritik an und Herabsetzung in ihre Person hinein

Was könnte auf der anderen Seite die Kommunikation empfindlich stören?

5.4 Probleme beim Übertragen der Appell-Botschaft

- **Beziehungsbedingte Appell-Allergie:** Ungelöste Beziehungsaspekte machen einen Appell für die Empfängerin/den Empfänger unannehmbar (Bsp. Teenager Tochter empfindet den Appell der Mutter, eine Jacke anzuziehen als unrechtmäßige Einmischung in das Hoheitsgebiet ihrer Selbstständigkeit)

- **Appelle als untaugliches Mittel für tief greifende Veränderungen:** Die Senderin/der Sender erwartet vom Appell eine tief greifende Veränderung des Verhaltens der Empfängerin/des Empfängers, aber dafür sind sie nicht geeignet.

- **Appelle als Raub des UrheberInnen-Erlebnisses und des spontanen Verhaltens:** Appelle lösen bei den EmpfängerInnen Ärger aus, da ihnen nun spontanes Verhalten nicht mehr möglich ist ("Bring mir doch einmal von dir aus Blumen mit") oder sie ihres "Urheberrechts" beraubt wurden - eine Handlung erfolgt nicht aufgrund eigener Initiative

- **Appelle stören den Seelenfrieden:** manche Appelle sind zu schwierig/unmöglich umzusetzen (Bsp. Rauchen aufhören), als Gegenstrategie wird die Senderin/der Sender vermieden/widerlegt/entwertet

- **Versteckte/verdeckte Appelle oder Appelle auf leisen Sohlen:** sind meist erfolgreicher, weil sie auf emotionaler Ebene wirken. Dazu gehören

  - Selbstmordversuche

  - Angstzustände

  - Empfindlichkeiten

  - kindliche Unarten

  - Hilflosigkeit

  - Unfähigkeiten

  - Schwächen

5.5 Einseitige Empfangsgewohnheiten

Kommunikationsstörungen können auch auftreten, wenn ein Ohr der Empfängerin/des Empfängers besonders stark ausgeprägt ist.

- **Besonders starke Ausprägung des Sach-Ohrs:** problematisch, wenn das Problem nicht über die Sachebene gelöst werden kann, weil es auf der zwischenmenschlichen Ebene liegt

- **Besonders starke Ausprägung des Beziehungs-Ohrs:** problematisch, weil die Empfängerin/der Empfänger alle Aussagen auf sich bezieht und sich ständig angegriffen und beleidigt fühlt

Was könnte auf der anderen Seite die Kommunikation empfindlich stören?

- **Besonders starke Ausprägung des Selbstoffenbarungs-Ohrs:** problematisch, wenn die Empfängerin/der Empfänger alle Nachrichten ständig psychologisiert bzw. diagnostiziert

- **Besonders starke Ausprägung des Appell-Ohrs:** problematisch, wenn die Empfängerin/der Empfänger es ständig allen recht machen will und in jeder Nachricht heimliche Absichten (Appelle) sieht

5.6 Unterschiedliche Lebenserfahrungen

Auch unterschiedliche Lebenserfahrungen können zu Kommunikationsstörungen führen, nämlich dann, wenn die SenderInnen aufgrund ihrer Lebenserfahrungen (Generationenkonflikt) mit einer Aussage etwas ganz anderes verbinden als die EmpfängerInnen und die Nachricht dadurch entweder falsch oder überhaupt nicht verstanden wird.

5.7 Unterschiedliche Sprachcodierungen

Kommunikationsstörungen können auch dann auftreten, wenn SenderInnen und EmpfängerInnen unterschiedliche Sprachcodierungen verwenden. Dies ist z. B. der Fall, wenn SenderInnen und EmpfängerInnen aus unterschiedlichen

- **Berufsgruppen** – „Studentensprache", „Arbeiterjargon", „Städtedialekt",...

- **Schichten/sozialen Milieus** – Ober-, Mittel-, Unterschicht

- **Altersgruppen** – Kinder, Jugendliche und Erwachsene

- **Gegenden/Ländern** – Andere Länder, andere Sitten

stammen.

6  Quellen

- http://www.schulz-von-thun.de/mod-komquad.html Das Kommunikationsquadrat

- http://de.wikipedia.org/wiki/Vier-Seiten-Modell Das Vier-Seiten-Modell

- http://de.wikipedia.org/wiki/Friedemann_Schulz_von_Thun Friedemann Schulz von Thun

- Schulz von Thun, F. (2009): Miteinander reden 1: Störungen und Klärungen. Rowohlt Taschenbuch Verlag, 47. Auflage, 2009

7  Feedback

Liebe Studierende!

Gratulation zu Ihrer gelungen Seite! Wenn ich mir Ihr Arbeitsergebnis ansehe habe ich fast Angst, Sie kommen neben der vielen Arbeit nicht mehr zum Schlafen und zum Essen. Denken Sie auch bitte daran!

Zu Ihrer Seite: Optisch toll aufgemacht, gelungene Gliederung. Die Information auf das Wesentliche zusammengefasst und dennoch klar und deutlich. Eine druckreife Zusammenfassung!

Herzliche Grüße,

Mag. xxx